essentials

Essentials liefern aktuelles Wissen in konzentrierter Form. Die Essenz dessen, worauf es als „State-of-the-Art" in der gegenwärtigen Fachdiskussion oder in der Praxis ankommt. Essentials informieren schnell, unkompliziert und verständlich

* als Einführung in ein aktuelles Thema aus Ihrem Fachgebiet
* als Einstieg in ein für Sie noch unbekanntes Themenfeld
* als Einblick, um zum Thema mitreden zu können.

Die Bücher in elektronischer und gedruckter Form bringen das Expertenwissen von Springer-Fachautoren kompakt zur Darstellung. Sie sind besonders für die Nutzung als eBook auf Tablet-PCs, eBook-Readern und Smartphones geeignet.

Essentials: Wissensbausteine aus Wirtschaft und Gesellschaft, Medizin, Psychologie und Gesundheitsberufen, Technik und Naturwissenschaften. Von renommierten Autoren der Verlagsmarken Springer Gabler, Springer VS, Springer Medizin, Springer Spektrum, Springer Vieweg und Springer Psychologie.

Ulrich Wiek

Zusammenarbeit fördern

Kooperation im Team – ein praxisorientierter Überblick für Führungskräfte

Dr. Ulrich Wiek
Heidelberg
Deutschland

ISSN 2197-6708 ISSN 2197-6716 (electronic)
essentials
ISBN 978-3-662-45274-5 ISBN 978-3-662-45275-2 (eBook)
DOI 10.1007/978-3-662-45275-2

Die Deutsche Nationalbibliothek verzeichnet diese Publikation in der Deutschen Nationalbibliografie; detaillierte bibliografische Daten sind im Internet über http://dnb.d-nb.de abrufbar.

Springer Gabler
© Springer-Verlag Berlin Heidelberg 2015

Gedruckt auf säurefreiem und chlorfrei gebleichtem Papier

Springer-Verlag Berlin Heidelberg ist Teil der Fachverlagsgruppe Springer Science+Business Media (www.springer.com)

Was Sie in diesem Essential finden können

- Eine kompakte Darstellung der wichtigsten Erfolgsfaktoren für Zusammenarbeit
- Konkrete Hinweise, wie Sie in Ihrem Arbeitsumfeld Barrieren gegen Zusammenarbeit erkennen und abbauen können
- Umsetzbare Anregungen zur Förderung kooperativer Verhaltensweisen in Ihrem Team
- Anschauliche Anwendungsmöglichkeiten von kooperativer Kommunikation in Praxisbeispielen
- Reflexionsmöglichkeiten: Wo stehen Sie selbst und Ihr Team?

Inhaltsverzeichnis

Einleitung

1

Die heutige Arbeitswelt ist geprägt von hoher Arbeitsdichte, Zeitdruck, Komplexität und gegenseitigen Abhängigkeiten (vgl. hierzu u. a. Triebel und Hürter 2012, S. 127 ff.; Neuberger 2002, S. 702). Die meisten Aufgaben lassen sich nicht mehr allein erfüllen, Ziele sind in vielen Fällen nur noch im Team erreichbar. Gleichzeitig verstärkt sich aber auch ein Individualismus, eine auf sich selbst fokussierte Suche nach dem persönlichen Erfolg.

Klar ist: Der Einzelkämpfer kommt heutzutage nicht mehr weit, er stößt immer häufiger an seine Grenzen. Er braucht Zusammenarbeit, er braucht Kooperation. Wie aber lassen sich Individualismus und gegenseitige Abhängigkeit unter einen Hut bringen, wie ist die richtige Balance zwischen „Ich" und „Wir" zu erreichen? Für Führungskräfte ergibt sich hieraus eine zentrale Herausforderung: im wettbewerbsorientierten Umfeld Individuen so zusammenzuführen, dass Persönlichkeit erlaubt ist und Gemeinsamkeit erreicht wird.

In diesem Buch wird aufgezeigt, dass die Voraussetzungen zur Zusammenarbeit gezielt geschaffen werden können. Sowohl Führungskräfte als auch Mitarbeiter haben darauf entscheidenden Einfluss.

Damit Zusammenarbeit überhaupt gelingen kann, müssen gewisse Voraussetzungen erfüllt sein. Erforderlich sind eine entsprechende Motivation sowie ein Umfeld mit einer kooperationsförderlichen „Kultur" ohne Barrieren. Gemeinsame Ziele und der eigentliche Sinn unseres Tuns erzeugen für kooperative Verhaltensweisen eine wichtige Sogwirkung. Zusammenarbeit bedeutet immer auch einen Umgang mit Macht, Werten und inneren Einstellungen. Dieser Umgang lässt sich bewusst mithilfe von Regeln gestalten. Weitere Eckpfeiler für nachhaltige Zusammenarbeit sind Vertrauen sowie die notwendigen Kooperationsfähigkeiten.

© Springer-Verlag Berlin Heidelberg 2015
U. Wiek, *Zusammenarbeit fördern*, essentials,
DOI 10.1007/978-3-662-45275-2_1

In der praktischen Umsetzung bedeutet Zusammenarbeit letztlich vor allem Kommunikation. Bleiben die Fragen: Welche Art von Kommunikation fördert Kooperation und Zusammenarbeit? Was zeichnet die „Sprache der Zusammenarbeit" aus? Welche Kommunikationsformen und -techniken fördern Zusammenarbeit? Auch diesen Fragen gilt es, in diesem Buch auf den Grund zu gehen.

Was wir über Zusammenarbeit wissen sollten $\quad$ **2**

2.1 Begriffliche Grundlagen

Unter „Zusammenarbeit" verstehen wir laut Duden, unsere „Tätigkeiten auf ein Ziel hin zu vereinigen". Einzelne Personen oder Gruppen wirken also bewusst zusammen, um ein gesetztes Ziel zu erreichen. Das Zusammenwirken beinhaltet, sich gegenseitig zu unterstützen, d. h. bewusst etwas zu leisten, was dem Kooperationspartner hilft. Eine solche Zusammenarbeit kann auf sehr unterschiedliche Art und Weise stattfinden: z. B. zu zweit, im Team einer Abteilung (dauerhaft) oder eines Projektes (zeitlich begrenzt), lokal vor Ort oder international mit interkulturellem Charakter, organisationsintern oder organisationsübergreifend, kurzfristig oder langfristig (vgl. hierzu u. a. Wunderer 2011, S. 28 ff.).

„Kooperation" wiederum verstehen wir in Anlehnung an Triebel und Hürter folgendermaßen: „Zwei oder mehr Menschen kooperieren, wenn sie sich in einer Beziehung befinden, die ihnen hilft, ihre Ziele und Pläne zu verwirklichen." (2012, S. 21). In diesem Beitrag konzentrieren wir uns – in Abgrenzung zur Kooperation zwischen Unternehmen oder Organisationen – auf die Kooperation zwischen Menschen. Dabei werden die Begriffe Zusammenarbeit und Kooperation in der Folge weitgehend synonym verwendet (vgl. z. B. Wunderer 2011, S. 26).

Der Begriff „Gruppe" wird hier definiert als eine Ansammlung von Personen (ab drei) mit niedrigem Organisationsgrad – wesentliche Elemente des Miteinanders, wie z. B. Ziele, Werte, Selbstverständnis und Methodik, sind also nicht gemeinsam abgesprochen, definiert und akzeptiert. Ein Team ist im Unterschied zu einer Gruppe hingegen eine Organisationsform, in der sich die einzelnen Personen organisiert haben. Dies bedeutet:

© Springer-Verlag Berlin Heidelberg 2015
U. Wiek, *Zusammenarbeit fördern*, essentials,
DOI 10.1007/978-3-662-45275-2_2

- Es gibt ein gemeinsames, erklärtes Ziel, auf das sich alle geeinigt haben.
- Es gibt eine direkte, offene, konstruktive Kommunikation untereinander.
- Es gibt ein gemeinsam akzeptiertes Wertesystem und Selbstverständnis, auf denen Zusammenhalt und Kooperation gründen.
- Es gibt im Idealfall Arbeitsmethoden, Arten der Entscheidungsfindung sowie festgelegte Organisationsformen, die allen bekannt und von allen akzeptiert sind.

„Teamentwicklung" bedeutet demnach die Förderung dieser Faktoren und Verhaltensweisen mit dem Ziel, eine Gruppe zu einem möglichst starken Team werden zu lassen.

2.2 Kriterien: Woran lässt sich erfolgreiche Zusammenarbeit erkennen?

Erfolgreich zu sein bedeutet zunächst einmal, dass das erfolgt ist, was erreicht werden sollte. Wir formulieren dies sinnvollerweise in unseren Zielen. Das gilt auch für unsere Zusammenarbeit im Team. Ob wir dann auf dem richtigen Weg sind, sollten wir anhand von Erfolgskriterien stetig überprüfen.

Mögliche Kriterien für Erfolg sind z. B. die folgenden Aspekte (vgl. u. a. Parker 2008, S. 19):

- Erzielte Ergebnisse
- Klar definierte Arbeitsziele, die von allen akzeptiert werden
- Zufriedenheit aller Beteiligten
- Gemeinsam vereinbarte Regeln, die auch eingehalten werden
- Klar definierte Rollen und Aufgaben sowie die entsprechenden Qualifikationen der Teammitglieder
- Effiziente Prozessstruktur und Ablauforganisation
- Entspannte Arbeitsatmosphäre
- Gemeinsamer Nutzen, der von allen gesehen und wertgeschätzt wird
- Überwiegend gemeinsam getroffene Entscheidungen
- Konsequente Umsetzung der getroffenen Entscheidungen
- Motivierte und engagierte Gruppenmitglieder
- Konstruktive Fehlerkultur und offener Umgang mit Konflikten
- Klare Meinungsäußerungen aller Gruppenmitglieder, keine „Angstkultur"
- Transparenter Informationsfluss, zielgerichtete Diskussionen auf der Sachebene
- Nachvollziehbar begründete Entscheidungen

- Wertschätzende, persönliche Kommunikation auf der Beziehungsebene
- Gute Beziehungen über die eigenen „Teamgrenzen" hinweg zu anderen Teams, Kollegen, Vorgesetzten, Kunden, Lieferanten etc.

▶   **Tipp** Diese Auflistung kann als Checkliste für die Zusammenarbeit im eigenen Team genutzt werden. Sinnvoll ist es, die einzelnen Aspekte gemeinsam mit dem Team zu konkretisieren. Damit kann Orientierung für alle Beteiligten geschaffen werden: Wie stellen wir uns unsere Zusammenarbeit vor? Worauf kommt es konkret an?

Dabei ist es wichtig, genau zu formulieren. Es sind konkret beobachtbare Verhaltensweisen zu beschreiben, zu denen dann gemeinsam festgehalten werden kann, ob sie stattgefunden haben oder nicht.

Ein Beispiel: Die Formulierung „freundlich sein" ist eher abstrakt, es bleibt unklar, welches konkrete Verhalten im Team gezeigt werden soll. „Lächeln" oder „mit Namen ansprechen" sind beobachtbare Verhaltensweisen und damit eben überprüfbar.

2.3   Grenzen und Kosten der Zusammenarbeit

Wenn wir über die Merkmale erfolgreicher Teams sprechen, sollte realistischerweise unser Blick auch auf die Kehrseite gerichtet sein: Bei jeder Zusammenarbeit gibt es Risiken und Kosten.

Kosten entstehen nicht nur durch Investitionen in Zeit und Geld, sondern können auch die Folge von „Reibungsverlusten" sein. Nicht selten stehen als Risiken Streitigkeiten und Konflikte auf der Negativseite einer Zusammenarbeit. Es gilt, sie in die Kalkulation mit einzubeziehen. Insofern weisen Triebel und Hürter zu Recht darauf hin, dass es auch ein Zuviel an Kooperation geben kann (2012, S. 45).

Ein typisches Risiko von Gruppenarbeit ist folgendes Phänomen: „In Gruppen neigen die Charismatiker, Rhetoriker, die Extravertierten dazu, sich durchzusetzen. Sie sind nicht unbedingt die Klügeren" (Triebel und Hürter 2012, S. 46). Interessant sind in diesem Zusammenhang auch die Arbeiten von Sylvia Löhken (u. a. *Leise Menschen – starke Wirkung*).

Es bleibt das Fazit: Kooperation will dosiert sein, sie muss unterm Strich durch ein Plus an positiven Effekten legitimiert sein.

2.4   Rollen und Aufgaben in der Zusammenarbeit

Bei den Erfolgsmerkmalen von Teams war bereits die Rede davon: In der Zusammenarbeit von Menschen ergeben sich verschiedene Rollen und Aufgaben.

2.4.1   Typische Rollen in Teams

(in Anlehnung an die Rangdynamik von Raoul Schindler)

- **Alpharolle (Führerrolle):** Dem Träger der Alpharolle kommt innerhalb der Gruppe besondere Bedeutung zu. Oft vertritt er auch das Team nach außen. Der Träger der Alpharolle kann vom Team bestimmt werden. Ebenso ist es möglich, dass einzelne Personen aufgrund ihrer Persönlichkeitsstruktur die Alpharolle bewusst oder unbewusst übernehmen. Problematisch wird es, wenn innerhalb einer Gruppe mehrere Personen einen unbewussten oder bewussten Führungsanspruch haben. Sie treten dadurch bewusst oder unbewusst in Konkurrenz zueinander oder auch zum Teamleiter. Es kann auch zu informeller Führerschaft kommen.
- **Betarolle (Spezialistenrolle):** Diese Rolle steht für Personen, die für besondere Aufgaben und Funktionen aufgrund ihrer Persönlichkeit oder fachlichen Kompetenz zum Spezialisten werden. Der Inhaber dieser Rolle erhebt aber keinen Führungsanspruch, obwohl ihm dies aufgrund der Kompetenzen eventuell zustehen würde.
- **Gammarolle (Mehrheit):** Die meisten Teammitglieder nehmen – vor allem in größeren Teams – in der Regel keine exponierte Rolle ein und erscheinen dadurch häufig als „Mitläufer", in deren Gesellschaft sich die profilierten (Alpha- oder Beta-)Rollen erst entwickeln können. Je zurückhaltender die einzelnen Teilnehmer diese Gammarolle gestalten, desto eher kann der Eindruck einer schweigenden Mehrheit entstehen. Das Verhalten der Gammarolle wird entscheidend vom Träger der Alphaposition beeinflusst; gleichzeitig ermöglicht die Gammarolle aber auch erst die Alphaposition.
- **Omegarolle (Außenseiter):** Der Träger der Omegarolle ist häufig nicht ausreichend ins Teamgeschehen integriert. Dies kann sich u. a. dadurch bemerkbar machen, dass sein Wort weniger zählt als das anderer Mitglieder. Der Träger der Omegarolle leistet u. U. (unbewusst) einen wichtigen Beitrag zum Gruppenzusammenhalt, da die anderen Mitglieder ihn als Zielscheibe nutzen können, um z. B. eigene unbewältigte Konflikte und Aggressionen auf ihn (als den „Sündenbock") zu übertragen.

- **Experte/Informant:** Der Experte, der um wichtige Informationen gebeten wird, kann u. U. außerhalb des eigentlichen Teams stehen. Er übernimmt nur zeitweilig eine Rolle in der Zusammenarbeit.

> **Vorsicht!**
> Die Einfachheit eines solchen Rollenmodells mit unterschiedlichen Rollentypen mag dazu verführen, dieses eins zu eins auf jede Gruppe zu übertragen. In der Realität ist jedoch das Teamgeschehen häufig wesentlich komplexer und vielschichtiger. Hinzu kommt, dass verschiedene Mitglieder möglicherweise die Rollen je nach Situation bewusst oder unbewusst wechseln.

2.4.2   Aufgaben im Team

Bei der Zusammenarbeit im Team ist eine Vielzahl von Tätigkeiten zu erledigen. Diese Aufgaben sind zu definieren und auf die einzelnen Teammitglieder zu verteilen. Es folgt eine Auswahl.

- **Ziele setzen:** Klären und Festlegen von Zielen und regelmäßiger Verweis darauf (Zielrevision).
- **Initiative und Aktivität:** Lösungen vorschlagen, neue Ideen vorbringen, neues Herangehen an Probleme.
- **Informationssuche:** Recherche relevanter Daten, Einfordern von ergänzenden Informationen.
- **Meinungen erkunden:** Einholen von Stimmungsäußerungen unter den Teammitgliedern und Externen, hinter denen u. a. Werte, Meinungen oder Ideen stehen.
- **Informationen geben:** Informationen aktiv anbieten, eigene Erfahrungen und Kenntnisse einbringen.
- **Meinungen kundtun:** Äußern einer Meinung oder Überzeugung, eine persönliche Einschätzung abgeben.
- **Ideen, Konzepte ausarbeiten:** Sachstände abklären, Beispiele geben und Ideen entwickeln, weitere Entwicklungen aufzeigen.
- **Koordinieren:** Aufzeigen der Beziehungen zwischen verschiedenen Ideen oder Vorschlägen, Vereinen von Aktivitäten verschiedener Untergruppen oder Mitglieder.

- **Zusammenfassen und Festhalten von Ergebnissen (u. a. Protokollieren):** Zusammenfassen von Meinungen, Informationen, Sachständen, Nachformulierung von bereits diskutierten Vorschlägen zur Klärung.
- **Ermutigen und Motivieren:** Freundlich sein, Wärme und Nähe gegenüber anderen zulassen, andere und deren Ideen loben, zu weiteren Aktivitäten anregen.
- **Integrieren und die Einbindung aller sicherstellen:** Versuchen, einem anderen Gruppenmitglied einen Beitrag dadurch zu ermöglichen, dass andere darauf aufmerksam gemacht werden (z. B. „Wir haben von X noch nichts zu diesem Thema gehört" oder „Y wollte etwas sagen, erhielt aber nicht die Gelegenheit"). Begrenzung der Sprechzeit für alle, um allen eine Chance zu geben, tatsächlich gehört zu werden.
- **Regeln bilden:** Formulierung von Regeln für Verfahrensweisen oder Entscheidungen, Erinnerung der Gruppenmitglieder daran, diese Regeln einzuhalten.
- **Entscheidungen Folge leisten:** Den Gruppenentscheidungen folgen, auch wenn sie der eigenen Ansicht widersprechen.
- **Zuhören:** Aktiv die Ideen anderer anhören, zuhören können, Aufmerksamkeit schenken.
- **Empathie und Wahrnehmung von Gruppengefühlen:** Die Gruppe und die Emotionen beobachten. Zusammenfassen, welches Gefühl innerhalb der Gruppe zu spüren ist. Beschreiben der einzelnen Reaktionen, Mitteilung von Beobachtungen und unbewussten Reaktionen von Gruppenmitgliedern auf geäußerte Ideen oder Lösungen.
- **Auf Zeiten und Termine achten („Zeitwächter"):** Auf die Einhaltung von Zeitvorgaben und Terminen achten, zu effektivem Arbeiten auffordern.
- **Diagnostizieren und Analysieren:** Erkennen von Schwierigkeiten und Bestimmen der situationsgerechten nächsten Schritte, analysieren der Haupthindernisse, die sich dem weiteren Vorgehen entgegenstellen.
- **Übereinstimmung prüfen:** Nach der Gruppenmeinung fragen, um herauszufinden, ob die Gruppe sich einer Übereinstimmung für eine Entscheidung nähert.
- **Vermitteln:** Harmonisieren, verschiedene Standpunkte miteinander versöhnen, Kompromisslösungen vorschlagen.
- **Spannungen reduzieren:** Negative Gefühle durch einen Scherz ableiten, beruhigen, eine gespannte Situation in einen größeren Zusammenhang stellen.
- **Auswerten:** Überprüfen der Gruppenentscheidungen im Vergleich mit den Regeln; Vergleich der Bemühungen im Verhältnis zum Gruppenziel.

> **Tipp** Eine klare Rollen- und Aufgabenzuteilung hilft. Nach Triebel und Hürter schneiden Gruppen besonders gut ab, die zu Beginn die Rollen offiziell verteilen (2012, S. 41). Die Rollenverteilung darf allerdings nicht dazu führen, dass sich die Teammitglieder hinter ihren Rollen „verschanzen". Teamleiter und Team sollten sich im Prozessverlauf immer wieder fragen:
> - Wie sind die Rollen im Team verteilt?
> - Werden die beschriebenen Aufgaben im Team wahrgenommen? Von wem?
> - Sind die Aufgaben „gleichmäßig" verteilt?
> - Sind sich die Teammitglieder der Notwendigkeit dieser Aufgaben bewusst?
> - Sind die Mitarbeiter auch Mitdenker?
> - Was passiert im Team, wenn ein Funktionsträger ausfällt?
> - Wird auf den Teamleiter geschielt oder denken andere mit?

2.5 Unterschiedliche Persönlichkeiten und Charaktere im Team

Als Führungskraft ein Team zur Zusammenarbeit zu führen, heißt insbesondere auch, mit der Unterschiedlichkeit der Teammitglieder umzugehen, ihre Unterschiedlichkeit zu akzeptieren, sie sogar wertzuschätzen und für die Teamziele zu nutzen (vgl.u. a. Fuchs-Brünninghoff und Gröner 1999, S. 73 ff.).

In der Vergangenheit wurden Instrumentarien entwickelt, um die Verschiedenartigkeit der Menschen messbar zu erheben, insbesondere auch die individuellen Präferenzen und Stärken; zu nennen sind hier beispielsweise die Biostrukturanalyse, das DISG-Modell, das Bochumer Inventar zur berufsbezogenen Persönlichkeitsbeschreibung (BIP), der 16-Persönlichkeits-Faktoren-Test, das Reiss-Profil und der Myers-Briggs-Typen-Indikator. Letzterer sei im Folgenden exemplarisch kurz vorgestellt (vgl. hierzu ausführlicher u. a. Stöger 2006, S. 17 ff.).

2.5.1 Der Myers-Briggs-Typenindikator (MBTI)

Der MBTI wurde vor über 50 Jahren entwickelt und ist eines der anerkanntesten Instrumente dieser Art weltweit. Der Indikator orientiert sich an der Theorie der Persönlichkeitstypen von Carl Gustav Jung, der ausgehend von vier psychologischen Grundfunktionen – Denken, Fühlen, Empfinden, Intuition – eine Charakterologie entwickelte. Diese Grundfunktionen bilden in Kombination mit den beiden

Erscheinungsformen Extraversion und Introversion typologische Persönlichkeitsbilder.

Außerdem stellte Jung fest, dass bei uns in der Interaktion mit unserer Umwelt zwei psychische Prozesse ablaufen: Zum einen nehmen wir wahr und sammeln Informationen (wahrnehmen), zum anderen ordnen wir diese Informationen, ziehen Schlussfolgerungen und treffen Entscheidungen (urteilen). Dabei legt jeder Mensch individuelle Präferenzen an den Tag (sein „natürliches" Verhalten). Der MBTI spiegelt diese Präferenzen wider und ist damit so etwas wie ein Kompass durch die Welt der Persönlichkeit – der eigenen und der anderer Menschen. Mit seiner Hilfe werden die Unterschiede in den Persönlichkeiten leichter erkennbar und verständlich nachvollziehbar.

Um den MBTI zu erheben, muss zunächst ein Fragebogen mit ca. 90 Fragen im Multiple Choice-Verfahren ausgefüllt werden (es stehen jeweils zwei Antwortalternativen zur Auswahl). Anschließend wird die Auswertung vorgenommen. Im Ergebnis erkennt der Proband, wo seine Präferenzen liegen.

Es gibt übrigens keine „richtigen" oder „falschen" Antworten beim MBTI. Er ist deshalb auch kein Test, sondern ein Instrument zur Visualisierung ausgeprägter Persönlichkeitszüge. Diese Visualisierung ist aber auch immer eine Momentaufnahme, insofern sind der Aussagekraft dieses Instruments Grenzen gesetzt.

Dennoch sind der MBTI und vergleichbare Instrumentarien – auch und v. a. in Sachen Kooperation – von großem Nutzen:

- Wir können selbst besser verstehen, wie wir die Dinge sehen, wie wir Entscheidungen treffen.
- Wir erkennen Präferenzen und Stärken des Einzelnen besser (Einsatz in der Praxis: gezielte Auswahl von Mitarbeitern, z. B. für Projekte).
- Wir können besser einschätzen, welche Tätigkeiten der Person wahrscheinlich besser liegen, wie sie bevorzugt lernt und arbeitet.
- Wir erfahren etwas darüber, wie wir besser mit anderen Menschen unterschiedlicher Präferenzen umgehen können, z. B. in der Kommunikation allgemein und der Zusammenarbeit im Team (Einsatz in der Praxis: im Projektmanagement).
- Wir können Unterschiede in den Persönlichkeiten als Ursache für Missverständnisse und Konflikte eindeutiger erkennen (Einsatz in der Praxis: im Konfliktmanagement).
- Wir können diese Erkenntnisse nutzen, um unsere Teams sinnvoll zusammenzustellen.

2.6 Die optimale Zusammensetzung von Teams

Persönlichkeitsprofile wie der MBTI helfen zu erkennen, wie ein Team idealerweise zusammengesetzt sein sollte und ob dies zurzeit der Fall ist. Denn Teams sollten keineswegs zu homogen sein: Triebel und Hürter sprechen in diesem Zusammenhang vom Phänomen des „Group Think" (2012, S. 44), also der Gefahr, dass Teams intern zu homogen und harmonisch aufgestellt sind, sodass abweichende oder kritische Stimmen in der Gruppe fehlen bzw. nicht geduldet werden. Ein Team sollte daher tendenziell heterogen zusammengesetzt sein, um die Stärken unterschiedlicher Persönlichkeiten einbeziehen zu können (vgl.u. a. Fuchs-Brünninghoff und Gröner 1999, S. 134 ff.).

Gleichzeitig stellt dies aber auch alle Beteiligten vor die Aufgabe, mit Andersartigkeit konstruktiv umzugehen. Damit dies gelingen kann, sind neben der Unterschiedlichkeit auch Gemeinsamkeiten erforderlich – insbesondere hinsichtlich der grundlegenden Werte und Ziele. Wenn diese Gemeinsamkeiten gegeben sind, lassen sich Unterschiedlichkeiten respektieren.

Fazit

Bei der Zusammenstellung eines Teams sind folgende Faktoren zu berücksichtigen:
1. Technisch-fachliche, menschliche, methodische Erfahrungen, Kenntnisse und Fähigkeiten/Qualitäten
2. Persönlichkeit, Werte, Einstellungen und typische Verhaltensweisen
3. Sympathie, Akzeptanz, Vertrauen untereinander
4. Gemeinsame Zielsetzungen und Interessen
5. Rahmenbedingungen aus der Organisation (u. a. Verfügbarkeit)
6. Optimale Teamgröße: 3–5 bis max. 8 Personen (ab 10 Teammitgliedern überwiegen häufig die negativen Effekte).

Voraussetzungen für Zusammenarbeit schaffen und Kooperation fördern 3

Der Amerikaner Morten Hansen ist dank umfangreicher Forschungen zu dem Schluss gekommen, dass eine „disziplinierte Zusammenarbeit" die besten Voraussetzungen für eine gelingende Zusammenarbeit bietet (2009, S. 3).

Zur Disziplin in der Zusammenarbeit gehört zunächst eine gute Vorbereitung. Sie beginnt mit der Frage: Hat Zusammenarbeit in diesem bestimmten Fall überhaupt einen Sinn? In einem nächsten Schritt müssen mögliche Barrieren identifiziert werden, die einer Zusammenarbeit im Weg stehen könnten, um sie gegebenenfalls wirkungsvoll zu bearbeiten bzw. auszuräumen. Dieses bewusste Vorgehen ist anschließend bei der Realisierung der Zusammenarbeit beizubehalten – mit der notwendigen Verbindlichkeit und Zuverlässigkeit.

Die Wahrscheinlichkeit, dass dies gelingt, wächst, wenn sich die folgenden Fragen mit Ja beantworten lassen (vgl. dazu u. a. auch Wunderer 2011, S.19):

- Wollen die Betroffenen zusammenarbeiten, haben sie eine echte Motivation dazu?
- Wissen sie, dass und wie sie zusammenarbeiten sollen? Wird es ihnen offen und transparent kommuniziert?
- Dürfen sie es auch, haben sie also die formelle, aber auch informelle Erlaubnis und die erforderlichen Befugnisse?
- Können sie es, verfügen sie also über die notwendigen Fähigkeiten und Ressourcen?

Wenn die grundlegenden Voraussetzungen für Zusammenarbeit geschaffen sind, können wir Kooperation und das entsprechende Verhalten bewusst fördern und

© Springer-Verlag Berlin Heidelberg 2015
U. Wiek, *Zusammenarbeit fördern,* essentials,
DOI 10.1007/978-3-662-45275-2_3

13

unterstützen. Gelegenheit dazu gibt es im Arbeitsalltag reichlich, z. B. bei der Auswahl von Mitarbeitern (explizit auf Teamfähigkeit achten), der Entscheidung über Beförderungen, der Erstellung von Leistungskriterien (z. B. für Beurteilungsverfahren) oder der Vergütung von Leistungen (Bonus, Prämien) (vgl. u. a. Kerr 2014).

Die Wirkung solcher Maßnahmen hängt letztlich von der Konsequenz und Transparenz ab, mit denen sie angewendet werden. Wir können viel Aufwand für die Erstellung von Leistungskriterien betreiben: Wenn sie bei Auswahl, Beförderung und Bezahlung von Mitarbeitern nicht auch angewendet werden, bleiben sie ein „zahnloser Tiger".

3.1   Zur Zusammenarbeit motivieren

Unser Denken war bisher stark durch den „Sozialdarwinismus" geprägt, der sich im Prinzip des „Survival of the fittest" wiederfindet. Das „Recht des Stärkeren" steht einer echten Zusammenarbeit jedoch eher im Weg (vgl. hierzu u. a. Bauer 2008 und 2010; sowie Sennett 2012). In den letzten Jahren zeigen wissenschaftliche Forschungen immer deutlicher: Der Mensch ist nicht von Geburt an der „Homo oeconomicus", als der er in der Vergangenheit insbesondere in den Wirtschaftswissenschaften häufig dargestellt wurde. Exemplarisch sind für die aktuellen Forschungsergebnisse die Arbeiten zu nennen von Bauer, Brandenburger und Nalebuff, Goleman, Grant, Klein, Lieberman, Precht, Siefer, Triebel und Hürter.

Es häufen sich mittlerweile die Hinweise, wonach wir den Menschen als ein Wesen mit zwei Seiten zu verstehen haben. Die eine Seite ist durch Egoismus und Individualismus geprägt, die andere Seite charakterisiert den Menschen als ein soziales Wesen, das sich durch Hilfsbereitschaft und Bereitschaft zur Zusammenarbeit auszeichnet: „Der Mensch hat zwei widerstreitende Seiten, eine individualistische und eine kollektivistische. […] Egoismus und Altruismus schließen sich nicht aus" (Triebel und Hürter 2012, S. 32).

U. a. Bauer und auch Goleman haben in ihren Arbeiten herausgestellt, dass die meisten Menschen den Kontakt zu anderen Menschen suchen und dass das menschliche Handeln „durch das Streben nach Zuwendung und Wertschätzung motiviert ist. Denn das Gehirn belohnt gelungenes Miteinander mit der Ausschüttung von Botenstoffen, die gute Gefühle und Gesundheit erzeugen" (Bauer 2008, S. 31 ff.). Es überrascht insofern nicht, dass der Mensch ein tiefes Bedürfnis nach Zugehörigkeit hat (vgl. Triebel und Hürter 2012, S. 31; Goleman 2008, S. 81 ff.; Precht 2010, S. 158): denn der Mensch ist von Natur aus ein Beziehungswesen.

Die Motivation zur Zusammenarbeit ist dem Menschen somit in die Wiege gelegt – nur scheint er das gern zu vergessen. Kooperation und Beziehung – und damit Abhängigkeit – haben ein Imageproblem; sie werden häufig unterschätzt, insbesondere im beruflichen Umfeld. Während Eigenständigkeit und Unabhängigkeit häufig als Zeichen von Stärke gelten, wird Abhängigkeit in der Regel als Schwäche und Altruismus als verstaubte Tugend interpretiert (vgl. Bittelmeyer 2014, S. 43). Grant formuliert es deutlich: „As a result, even people who operate like givers at work are often afraid to admit it. […] The fear of being judged as weak or naive prevents many people from operating like givers at work" (2014, S. 25).

Unsere persönliche Antwort auf die Frage, ob wir Kooperation oder Egoismus für erfolgversprechender halten, hat ganz konkrete Auswirkungen: „Behandelt man Menschen wie Egoisten, werden sie es auch" (Klein, zitiert bei Bittelmeyer 2014, S. 43), oder um es mit anderen Worten auszudrücken: „Wer behandelt wird, als wäre er ein fauler Hund, wird auch handeln wie ein fauler Hund" (Triebel und Hürter 2012, S. 121).

Die „richtige", weil sozialverträgliche Antwort auf die eben gestellte Frage nach der Überlegenheit von Egoismus oder Kooperation lautet übrigens „Sowohl als auch" – mit deutlichem Pendelausschlag Richtung Kooperation (vgl. hierzu u. a. Brandenburger und Nalebuff 1998, S. 37; Tomasello 2010, S. 20; Grant 2014, S. 23 ff.; Copray 2010, S. 32 ff.).

Warum fällt es uns aber im Alltag immer wieder so schwer, uns auf Kooperation einzulassen? Ganz einfach: Es ist in der Regel komplizierter zu kooperieren und nimmt anfangs auch mehr Zeit in Anspruch als das Agieren im Alleingang. „Eine kooperativ arbeitende Gruppe zu moderieren ist weit anspruchsvoller, als über die blanke Macht der hierarchischen Autorität zu arbeiten" (Triebel, zitiert bei Bittelmeyer 2014, S. 43). Adam Grant fordert deshalb zunächst dazu auf, das „Geben" überhaupt (wieder) als Erfolgsrezept zu begreifen. Geben ist eine Haltung, die wir einüben können – und die sich in Erfolgen niederschlägt, sofern wir aufpassen, dass wir uns nicht ausnutzen lassen (2014, S. 30, 55).

Wir sehen also: „Der Mensch hat zwei widerstreitende Seiten, eine individualistische und eine kollektivistische. Die Kunst der Gestaltung von Kooperation besteht auch darin, den Homo duplex in der Balance zu halten, d. h. […] die richtigen Lebensumstände für Kooperation zu schaffen " (Triebel und Hürter 2012, S. 31 f.). Im Folgenden werden wir sehen, dass es u. a. die Rahmenbedingungen und die Organisationskultur sind, die jeweils die eine oder andere Seite fördern.

3.2 Barrieren abbauen und eine Kultur der Zusammenarbeit schaffen

Das richtige Umfeld für eine Zusammenarbeit zeichnet sich dadurch aus, dass es möglichst viele fördernde Faktoren und möglichst wenige hemmende Faktoren bzw. Barrieren gibt. Wir können die Kultur und die Organisation im Unternehmen entsprechend in der täglichen Praxis konkret mitgestalten: Führungskräfte und Mitarbeiter haben direkte Einflussmöglichkeiten. Die „Kultur" in einer Organisation, d. h. insbesondere das alltägliche Miteinander, wird durch alle handelnden Personen geprägt (zum Begriff der „Kultur" im Unternehmens- bzw. Organisationskontext siehe u. a. Wunderer 2011, S. 6, 154 ff.).

Dem natürlichen Drang des Menschen, mit anderen Menschen in Kontakt zu treten und gemeinsam etwas zu bewirken, stellen sich heute häufig Barrieren in den Weg, die von Menschen geschaffen wurden – und deshalb auch von Menschen wieder aufgelöst werden können.

3.2.1 Vom konfrontativen zum kooperativen Wettbewerb

Eine wesentliche Barriere gegen Zusammenarbeit ist die Denkhaltung des konfrontativen Wettbewerbs, des Kampfes mit Siegern und Verlierern. Im Wettbewerb mit einem Kontrahenten zu stehen und einen „Gegner" zu haben, kann Menschen anspornen und ein Team nach innen auch durchaus zusammenschweißen. Gleichzeitig „vergiftet" es aber eine Zusammenarbeit mit denjenigen, die wir als Wettbewerber bzw. Gegner identifizieren; das können Kollegen im Team sein oder aber auch andere Teams oder Organisationen. Denn mit dem „Gegner, den ich besiegen muss", zusammenzuarbeiten ist schwieriger (vgl. hierzu u. a. Sennett 2012, S. 94 ff.). Viele Projekte, Joint Ventures und Fusionen sind genau an diesem Punkt gescheitert: Das jahrelange Denken in Gegner- oder gar Feindschaft hat eine konstruktive Zusammenarbeit unmöglich gemacht (vgl. Goleman 2008, S. 444 ff.). Wer weiß aber heute schon, ob er nicht in Kürze gern mit dem bisherigen „Gegner" kooperieren würde oder es sogar muss?

Auf der anderen Seite ist unser Wirtschaftssystem auf Wettbewerb ausgelegt. Die Frage ist allerdings, wie sich dieser Wettbewerb *konstruktiv* gestalten lässt. Denn für die Zusammenarbeit – auch über Bereichs- oder Organisationsgrenzen hinweg – ist ein kooperativer Wettbewerb sehr viel erfolgversprechender als die Konfrontation von Sieger und Verlierer: Schließlich ist er nicht auf die Ausschaltung des Wettbewerbers ausgerichtet, es geht weniger um Verdrängung. In der konkreten Umsetzung bedeutet der kooperative Wettbewerbsansatz, die bereits aufgeführten Voraussetzungen für Zusammenarbeit zu fördern. Das Ziel ist es, das richtige Maß zu finden zwischen Individualismus, Egoismus und Abgrenzung einerseits und Miteinander, Hilfsbereitschaft und Integration andererseits.

Sennett weist zu Recht darauf hin, „dass Kooperation und Wettbewerb sehr wohl zusammengehen" (2012, S. 94). Es muss nur ein gesundes Gleichgewicht hergestellt werden (vgl. hierzu den Ansatz der „Co-opetition" von Brandenburger und Nalebuff).

Zusammenarbeit scheitert häufig auch daran, dass die beteiligten Personen keine Befugnis und keine Anreize zur Zusammenarbeit haben, sie also nicht zusammenarbeiten „dürfen" und „sollen". Hieran sind einige in den letzten Jahrzehnten populär gewordene „Managementprinzipien" nicht ganz schuldlos:

- Starke Dezentralisierungen
- konsequentes Handeln nach dem „Profit Center"-Prinzip
- bestimmte Ausgestaltungen des Arbeitens mit Zielvereinbarungen
- kurzfristiges Denken (z. B. in Quartalen).

> **Tipp** Manchmal lohnt es sich, quer zu denken. Als Führungskraft sollten wir uns folgende Fragen stellen:
> 1. Womit motiviere ich meine Mitarbeiter in der täglichen Praxis häufiger: mit einer (möglicherweise) finanziellen Belohnung für erzielte Ergebnisse wie Umsatzzahlen und Fallzahlen oder aber mit dem Hinweis auf die sinnstiftende, hilfreiche Aufgabe, die die Mitarbeiter für andere erfüllen (Kunden des Unternehmens, Patienten im Krankenhaus, Bürger in der Verwaltung)?
> 2. Was steht in den Quartalsberichten? „Anzahl X an verkauften Produkten" oder „Anzahl X an Menschen, denen wir im letzten Jahr geholfen haben"?

Je stärker wir mit einem monetären Nutzen für den Mitarbeiter argumentieren bzw. motivieren, umso unwahrscheinlicher machen wir eine wirkliche Zusammenarbeit. Tomasello fasst die entsprechenden Forschungsergebnisse klar zusammen: „Materielle Belohnung dämpft die kooperative Natur" (2010, S. 20). Positive Voraussetzungen für Zusammenarbeit werden nicht durch ausgeklügelte Vergütungssysteme mit Provisionen und Bonuszahlungen geschaffen. Eine tatsächliche Motivation, miteinander zu arbeiten, liefert uns der Sinn unserer Arbeit (vgl. Wunderer 2011, S. 125 ff.).

Ein „Kulturmerkmal", das sich in den letzten Jahren im Berufsalltag in den Unternehmen und Organisationen ausbreiten und festsetzen konnte, ist das kurzfristige Denken. Quartalszahlen werden als Orientierungspunkte gesetzt, an denen das gesamte Handeln ausgerichtet wird. Die Auswirkungen zeigen sich in den Reaktionen der Mitarbeiter: Oft haben sie „leider keine Zeit", wenn ihre Mithilfe erbeten wird. Für unsere Zusammenarbeit und die Kooperationsbereitschaft bleibt dies nicht folgenlos. Sowohl Klein als auch Grant weisen darauf hin, dass kurzfristiges Denken der Feind der Kooperation ist. Je kurzfristiger ein Unternehmen denkt (z. B. nur noch in Quartalen), desto schwerer fällt das Kooperieren (Klein und Grant, zitiert bei Bittelmeyer 2014, S. 43).

Ähnliches gilt übrigens auch für ein übertriebenes Teamdenken: „Dieses Knowhow behalten wir lieber für uns" oder „Sorry, das fließt nicht in unser Budget, davon haben wir nichts" – Gedanken wie diese fördern eine Art Inselkultur und verhindern in der Praxis häufig Kooperationen, die für den Organisationserfolg insgesamt sinnvoll wären.

Es wird deutlich, dass die Kultur für Zusammenarbeit auch von Organisationsaspekten stark beeinflusst wird. Organisationsstrukturen können Zusammenarbeit erleichtern oder eben auch erschweren. Hier spielen z. B. auch Hierarchien eine wichtige Rolle.

In ihrem Konzept des Boundary Spanning Leadership listen Lee und Ernst die ihrer Meinung nach wichtigsten fünf Barrieren auf, die einer Zusammenarbeit im Weg stehen (2014, S. 4). Hierarchien finden sich an erster Stelle:

1. Hierarchien („vertical boundaries")
2. „Abteilungsdenken" („horizontal boundaries")
3. „Stakeholder boundaries" (mit Lieferanten und Kunden)
4. Demografische Barrieren (Alter, Geschlecht, kultureller Hintergrund)
5. Geografische Barrieren (Global, Distanz).

Ergänzend lassen sich in der Praxis weitere Barrieren gegen Zusammenarbeit identifizieren:

- **Hierarchie- bzw. Statusdenken:** „Wie kommt er dazu, mich direkt anzusprechen und um Hilfe zu bitten?"; „Er könnte uns sicherlich helfen. Aber wir können ihn ja nicht einfach ansprechen".
- **Wettbewerbsrituale** wie z. B. „Rating-Systeme" („der Mitarbeiter der Woche")
- **Unwissenheit darüber, wer in der Organisation oder außerhalb ein sinnvoller Partner für Zusammenarbeit wäre**: Diese Barriere ist umso höher, je

größer, komplexer, internationaler eine Organisation ist. Gleichzeitig wird hier aber auch die Bedeutung von guten Netzwerken deutlich. Je besser mein persönliches Netzwerk ist, desto eher werde ich erfahren, wer mir helfen könnte.

- **Der Mythos, „es allein schaffen zu müssen"** (sonst bin ich „schwach"): Wie normal ist es in Ihrem Arbeitsbereich, um Hilfe zu bitten oder Hilfe anzunehmen? Gilt dies als ein „Zeichen von Schwäche" oder als ein „Zeichen von Stärke"?
- **Gewohnheiten:** „Das haben wir schon immer so gemacht."
- **Vorurteile und persönliche Animositäten**
- **Ängste und Unsicherheit,** z. B. aufgrund von Fremdheit (nichts voneinander wissen). Häufig resultiert aus dieser Fremdheit gegenseitiges Unbehagen oder Angst.

In der täglichen Arbeit gilt es zunächst genau festzustellen, welche dieser Barrieren der Zusammenarbeit im Weg steht oder stehen könnte.

> **Tipp** Um Barrieren zu erkennen, die eine Zusammenarbeit nicht zulassen, sollten wir uns immer wieder fragen:
>
> - Wo liegen in meinem Arbeitsumfeld, in meinem Team die Kooperationsbarrieren?
> - Wie können wir sicherstellen, dass die Mitarbeiter Zusammenarbeit „wissen, dürfen, wollen und können"?

3.3   Zusammenarbeit durch Sinnhaftigkeit und gemeinsame Ziele fördern

Kooperatives Verhalten entsteht durch Sinnhaftigkeit und Zielorientierung. Wenn Menschen erkennen, dass ihr gemeinsames Tun sinnvoll ist und dadurch attraktive Ziele besser erreicht werden können, wird ihre grundsätzlich vorhandene Motivation zur Kooperation freigesetzt und in positive Bahnen gelenkt. Sinnhaftigkeit und Ziele sind also der Motor für ein gemeinsames Schaffen (vgl. hierzu im Überblick Grant 2014; Wunderer 2011, S. 54 ff., 107; Malik 2006, S. 104).

Wie Forscher der Universität Genf gezeigt haben, „werden die Kooperationssysteme des Gehirns stimuliert, wenn die persönlichen Ziele der Gesprächspartner übereinstimmen" (Newberg und Waldman 2013, S. 97). Zu klären ist, wie wir zu dieser Übereinstimmung unserer Ziele gelangen und wie wir verhindern können, dass unser Zielsystem eher zum „Einzelkämpfertum" motiviert, anstatt den Boden zu bereiten für sinnvolles Zusammenarbeiten. Denn die Gefahr einer „Fehlsteuerung" ist in der Arbeitswelt durchaus vorhanden: Wenn z. B. Provisionen aus einem gemeinsamen Budget leistungsbezogen einzelnen Personen ausgezahlt werden, führt dies zu Rivalität und wird die Zusammenarbeit im Team kaum fördern.

Es sind deshalb Ziele zu formulieren, die

- zur Zusammenarbeit anspornen durch explizite „Zusammenarbeitsziele", z. B.: „Wir unterstützen das Projektteam XYZ, damit die Meilensteine termingerecht erreicht werden."
- die individuelle Verantwortung herausstellen und individuelle Zielergebnisse ermöglichen. Niemand sollte sich hinter oder in der Gruppe „verstecken" können. Aber Vorsicht: Wenn individuelle Ziele in einen direkten Vergleich oder gar Wettbewerb mit anderen Teammitgliedern eingebettet werden (z. B. „Mitarbeiter des Monats"), wird sich jeder Mitarbeiter die Frage stellen: Warum soll ich meinem „Gegner" helfen, wenn ich anschließend hinter ihm im Ranking bleibe? Wer Sieger produziert, schafft auch immer Verlierer.
- ein Zusammengehörigkeitsgefühl entstehen lassen: Wenn überhaupt monetäre Provisionen gezahlt werden, dann eher auf Teamebene.
- deutlich machen, dass es ein gemeinsames „Schicksal" gibt. Das Ziel kann nur zusammen erreicht werden, nicht allein oder gar gegeneinander.
- SMART formuliert sind, d. h. spezifisch und konkret den gewünschten Zustand beschreibend sowie messbar, attraktiv und akzeptiert, realistisch und terminiert.

Die Kunst in der Zielfindung und -formulierung ist es, genau das richtige Maß zu finden. Es empfiehlt sich, das Team an der Zielfindung zu beteiligen und mit ihm Ziele zu vereinbaren, statt sie ihm vorzugeben.

▶ **Tipp** Sich Ziele zu setzen ist nicht der Anfang; vorab sollte der Sinn der gemeinsamen Zusammenarbeit klar herausgearbeitet werden. Das Ziel formuliert, was wir erreichen wollen, der Sinn fragt nach dem, was hinter dem Ziel steht, nach dem Warum und dem Wozu.

Häufig wird nur über Zahlen geredet, diskutiert, gestritten. Aber welcher Sinn soll durch das Ziel erfüllt werden? Warum diese Zahl und nicht eine andere? Auf diese Frage sollte die Führungskraft dem Team eine Antwort geben können. Denn erst der Sinn unseres Tuns sorgt für die Anziehungskraft zur Zusammenarbeit oder, wenn er fehlt, für mangelnde Motivation.

3.4 Kooperativer Umgang mit Macht: Eine Frage der Werte und Einstellungen

Wenn Menschen zusammenarbeiten, geschieht dies auf der Grundlage konkreter Abhängigkeiten und Machtstrukturen (vgl. hierzu u. a. Neuberger 2002, S. 680 ff.). Erfolgreiche Zusammenarbeit versteht es, mit diesen Rahmenbedingungen konstruktiv umzugehen.

Die Chancen für eine gelingende Zusammenarbeit erhöhen sich deutlich, wenn die Machtverhältnisse von den Beteiligten als angemessen und fair wahrgenommen werden. Dazu ist „eine relative Symmetrie der Machtverhältnisse und Fairness" (Triebel und Hürter 2012, S. 21 sowie vgl. Copray 2010, S. 171) erforderlich.

In Anlehnung an Max Weber wird Macht hier verstanden als die Form des Einflusses (in sozialen Beziehungen), durch die eine Verhaltensänderung bei anderen auch gegen deren Willen durchgesetzt werden kann. Macht braucht also negatives Sanktionspotenzial.

3.4.1 Wodurch kann Macht entstehen?

Macht kann sich zum einen aus einer Position heraus entwickeln. Aus einer formalen Stellung heraus erhält z. B. der Vorgesetzte eine legitimierte Macht („Amtsautorität"), die sich u. a. in Belohnungs-, Bestrafungs- oder Informationsmacht äußert. Macht kann aber auch aus der Person und ihrer Persönlichkeit heraus entstehen; Quellen sind hier z. B. spezielle Kompetenzen oder Wissen (Expertenmacht). Andere Formen sind Überzeugungs- sowie Manipulationsmacht, Identifikationsmacht und charismatische Macht (vgl. French und Raven, zitiert in Wunderer 2011, S. 14).

Macht kann in verschiedenen Formen ausgeübt werden, z. B. durch

- Physischen Zwang
- Überzeugung
- Manipulation
- Kontrolle von Ressourcen
- Selektive Weitergabe von Informationen.

Die Art und Weise der Machtausübung hat direkten Einfluss auf die Qualität der Zusammenarbeit. Sie kann zu Kooperation ermutigen oder motivieren, sie kann Zusammenarbeit aber auch im Keim ersticken.

3.4.2 Den Umgang mit Macht bewusst steuern

Da es keinen machtfreien Raum gibt, können wir als Führungskraft vor der Machtfrage nicht kneifen. Jede Führungskraft hat Macht und muss entscheiden, wie sie damit umgeht. Ein konstruktiver Umgang mit Macht aber ist keineswegs nur „nice to have", sondern hat auch direkte Auswirkungen auf den ökonomischen Erfolg. Für diese These gibt es mindestens zwei Belege:

1. **Wissenschaftliche Forschungsergebnisse:** Newberg und Waldman kommen zu der Erkenntnis: „Machtspiele funktionieren nicht", „Freundlichkeit schafft Kooperation" (2013, S. 102; vgl. ebenso Wunderer 2011; S. 112, Klein 2010, S. 119; Copray 2010, S. 38; Neuberger 2002, S. 703). Wer heute noch behauptet, dass mit Angst und Druck dauerhaft bessere Ergebnisse zu erzielen sind, belügt sich letztlich selbst.
2. **Der Blick auf uns selbst:** Wenn wir gefragt werden, wie wir selbst behandelt oder geführt werden wollen, fallen immer wieder Worte wie „respektvoll", „wertschätzend" und „vertrauensvoll". Jedoch danach gefragt, wie andere Menschen geführt werden sollten, ist überraschend oft zu hören: „mit klarer Kante" oder „mit Druck".

Jede Führungskraft muss für sich entscheiden, wie sie mit der eigenen Macht umgehen will. Dazu gehört es zunächst einmal, die eigene Macht wahrzunehmen, aber auch zu akzeptieren. Anschließend sollten sich Führungskräfte die folgenden Fragen stellen: Wann arbeite ich gern und motiviert mit anderen Menschen in einem Team zusammen? Wie möchte ich selbst in einer solchen Situation behandelt werden? Wie würde ich mir das Verhalten der anderen wünschen, damit ich gern mit ihnen zusammenarbeite?

▶ **Tipp** Als Führungskraft sollte man auch im Gespräch mit sich selbst bleiben und sich durch die Beantwortung der folgenden Fragen immer wieder neu verorten:
   1. Wie will ich mit meiner eigenen Macht gegenüber Kollegen, Teammitgliedern, externen Partnern umgehen?
   2. Wie gehe ich im Berufsalltag tatsächlich mit meiner Macht um?
   3. Weichen Wunsch und Wirklichkeit voneinander ab und wenn ja, an welcher Stelle?
   (Vgl. hierzu u. a. http://blogs.hbr.org/2014/05/make-your-team-feel-powerful, abgerufen am 2.9.2014)

3.4.3   Werte und Glaubenssätze: Triebkräfte unseres Handelns

Bei der Beantwortung dieser Fragen kommen wir an der Reflexion unserer eigenen Werte nicht vorbei: Was will ich? Was ist mir wichtig? Wie will ich sein als Mensch? Nur wenn wir das wirklich wissen, können wir entsprechend agieren, d. h. unseren Umgang mit der Ressource Macht bewusst konstruktiv steuern (und nicht nach Tagesform „zufällig passieren lassen").

Unter einem Wert wollen wir im vorliegenden Kontext eine bewusste oder unbewusste Überzeugung, Einstellung oder Grundhaltung darüber verstehen, welche Eigenschaft oder Qualität von Dingen, Menschen und Verhaltensweisen wir (ein einzelner Mensch oder eine Gruppe von Menschen) als wünschenswert („wertvoll") empfinden (sollten). Wir erschließen unsere Werte u. a. über die Fragen: Was ist uns wichtig? Wie wollen wir sein?

Wahrnehmbar werden Werte durch Verhalten.

Als „Nutzen" geben Werte uns Orientierung und sind Maßstab für Verhaltensentscheidungen; sie haben deshalb auch normativen und sinngebenden Charakter und dienen uns als Kompass.

Menschen sind niemals „werte-los", d. h. jeder Mensch und damit auch jedes Team hat Werte, die ihn oder das Team leiten. Unternehmen, aber auch Abteilungen und Teams sind insofern jeweils „Werte-Gemeinschaften" (vgl. hierzu u. a. Friedag und Schmidt 2009, S. 143). Führungskräfte sollten daher die Werte des Unternehmens, der Abteilung und des Teams kennen; sie sollten wissen, welche Werte dem Kollegen A wichtig sind und welche der Kollegin B. Dies sind die tatsächlichen „Steuerungsfaktoren" eines Teams, die eine Führungskraft kennen und nutzen sollte (vgl. u. a. Wunderer 2011, S. 190 ff.; Copray 2010, S. 74 ff.).

Die Antwort auf die Frage, welche Werte für die Zusammenarbeit von Menschen hilfreich und unterstützend sind, wird v. a. von unserer eigenen Präferenz und unserer eigenen Persönlichkeitsstruktur abhängen. Eine allgemein gültige Aussage ist letztlich nur schwer zu treffen. Interessant sind in diesem Zusammenhang die Ergebnisse einer Studie von Schwartz, der Listen von Werten erarbeitet hat, die weltweit (also auch über Kulturkreise hinweg) für wichtig erachtet werden (zitiert bei Grant 2014, S. 23 ff.). Liste 1 umfasst Wohlstand (Geld, materieller Besitz), Macht (Dominanz, Kontrolle über andere), Vergnügen (das Leben genießen), Gewinnen (etwas besser machen als andere). Liste 2 enthält die Werte Hilfsbereitschaft (für das Wohlbefinden anderer eintreten), Verantwortung (zuverlässig sein), Soziale Gerechtigkeit (sich um Benachteiligte kümmern), Mitgefühl (auf die Bedürfnisse anderer eingehen). Die Ergebnisse der Studie zeigen, dass weltweit die Werte von Liste 2 für die Menschen die größte Bedeutung haben.

Grant hat diese Werte und die Ergebnisse mit seiner Differenzierung zwischen „Geber" und „Nehmer" in Verbindung gesetzt und kommt zu der Erkenntnis: „Geber" sind durch die Werte der Liste 2 geprägt während „Nehmer" sich an den Werten der Liste 1 orientieren (vgl. Grant 2014, S. 24).

Fazit

Wenn Zusammenarbeit in der heutigen Arbeitswelt ein entscheidender Erfolgsfaktor ist und „Geber" das Fundament für gelingende Zusammenarbeit sind, sich „Geber" gleichzeitig durch eine bestimmte Werteorientierung auszeichnen, dann wird deutlich, dass die Frage nach dem grundlegenden Werte-Kanon unserer Teammitglieder direkte Bedeutung für unseren Teamerfolg besitzt.

Neben unseren Werten sind unsere Einstellungen und Glaubenssätze starke Motoren unseres Verhaltens: Was wir „denken und glauben", lässt uns so oder anders handeln. Unter Glaubenssätzen verstehen wir Positionen oder Thesen (z. B. „Gefühle können wir uns nicht leisten"), die wir nicht mehr hinterfragen. Sie entspringen unseren persönlichen Wertvorstellungen und Erfahrungen (vgl. u. a. Friedag und Schmidt 2009, S. 148) und prägen unsere Wahrnehmungen. So wie wir eine Situation aufgrund unserer Glaubenssätze wahrnehmen, werden wir sie auch interpretieren und bewerten und dann letztlich durch unser Verhalten entsprechend reagieren.

Konsequenzen für unsere Zusammenarbeit im Team Es ergeben sich für die Entwicklung einer wertebasierten Kultur der Zusammenarbeit folgende Aufgabenstellungen.

- Erkennen der grundlegenden Werte, Einstellungen und Glaubenssätze bei sich selber, einzelnen Mitarbeitern, potenziellen Kooperationspartnern, dem Team, dem Unternehmen.
- Versuchen, durch Kommunikation, Motivation, Sinngebung etc. Einfluss zu nehmen auf eben diese Werte und Einstellungen: Gegen die „schädlichen" Einstellungen angehen, die „unterstützenden" Glaubenssätze fördern.
- Das kann letztlich aber auch bedeuten, sich von Menschen trennen zu müssen, die nachhaltig andere Wertvorstellungen und Einstellungen haben!

3.5 Vertrauen als Basis für Zusammenarbeit

Wir haben bereits festgestellt, dass der Mensch den Wunsch zur Zusammenarbeit in sich trägt. Ob Geben und Nehmen in der gemeinsamen Arbeit ausgewogen sein wird, weiß der Mitarbeiter zu Beginn nicht. Er muss darauf vertrauen. Daher wird echte Zusammenarbeit nur stattfinden, wenn er das Gefühl hat, nicht ausgenutzt zu werden. Er gibt insofern einen „Vertrauensvorschuss", der „nicht käuflich" ist (Bach 2012, S. 159) und auch nicht erzwungen werden kann.

Je häufiger eine Seite einen Vertrauensvorschuss der anderen Seite erwidert, desto wahrscheinlicher entwickelt sich ein langfristiges Vertrauensverhältnis. So kann in einer Art „Spirale des Vertrauens" ein sich verstärkender Mechanismus entstehen, der sich in dem Maße festigt, in dem die Erwartungen der Vertrauenden erfüllt und nicht enttäuscht werden. Wird diese Entwicklung allerdings einmal durchbrochen und Vertrauen missbraucht, so entsteht stattdessen Misstrauen, das nur langsam wieder in Vertrauen umgewandelt werden kann.

Vertrauen hat einige wesentliche Vorteile für die Zusammenarbeit von Menschen:

- Vertrauen ist ein „Beschleuniger" (Bach 2012, S. 158): Menschen, die sich vertrauen, werden schneller zu gemeinsamen Ergebnissen kommen, da sie den Prozess der Vertrauensbildung bereits hinter sich haben.
- Vertrauen ist auch ein „Bindungsmittel": Es führt Menschen zusammen. Es lässt sie enger zusammenkommen, denn Vertrauen fühlt sich gut an.
- Vertrauen erhöht die Flexibilität in den (Arbeits)beziehungen: Die Partner erwarten nicht unmittelbar eine entsprechende Gegenleistung, zeitliche Verzögerungen sind möglich. Nicht zu ändernde „Zwänge" des einen Partners können u. U. überbrückt werden.
- Beziehungen werden belastbarer: Fehler werden eher verziehen und führen nicht sofort zu negativen Konsequenzen.

3.5.1 Wie können wir gegenseitiges Vertrauen aufbauen?

- Miteinander ins Gespräch kommen: Je mehr miteinander kommuniziert wird, umso leichter fällt die gegenseitige Einschätzung und Unsicherheit schwindet. Eine hohe Kontaktfrequenz wirkt häufig vertrauensbildend.
- Von Beginn an die „Sprache des Vertrauens" sprechen und Anonymität reduzieren: Die Vertrauensbildung beginnt im allerersten Moment der Kontaktaufnahme (vgl. u. a. Fuchs-Brünninghoff und Gröner 1999, S. 8): „Wenn es

um Vertrauen geht, zählt der erste Eindruck" (Newberg und Waldman 2013, S. 106 ff.). „Augenkontakt verstärkt gewöhnlich die Vertrauenswürdigkeit und fördert zukünftige Zusammenarbeit bei Menschen …. Derselbe Effekt tritt auf, wenn wir jemanden mit einem fröhlichen Blick begegnen" (2013, S. 107).

- „Testfelder" schaffen und nutzen: Bereiche, die nicht so entscheidend sind, eignen sich für eine langsame Vertrauensbildung. Aus der Spieltheorie kennen wir das Prinzip „tit for tat". Grant empfiehlt das „großzügige tit for tat" (vgl. 2014, S. 229). Nicht jede „unkooperative Verhaltensweise" muss sofort mit Sanktionen und Vertrauensentzug bestraft werden.
- Anfangs den Einsatz reduzieren: Es ist sinnvoll, zu Beginn nicht zu viel Vertrauensvorschuss zu geben oder zu verlangen. Ein gewisses Maß an Misstrauen sollte man sich selbst und den anderen als legitim zugestehen.
- Gemeinsamkeiten suchen oder bewusst schaffen („Gleich und gleich gesellt sich gern"): Wenn wir Gemeinsamkeiten entdecken, fällt uns Vertrauen sehr viel leichter.
- Orientierungshilfe durch Regeln: Regeln geben Sicherheit. Nach und nach, mit steigendem gegenseitigem Vertrauen, können Regeln flexibler gestaltet und angewendet werden.
- Zwänge offenlegen: Das bedeutet, offen und ehrlich zu kommunizieren, wo der Schuh drückt. Die Gründe für das Verhalten des anderen zu erkennen, erhöht das Verständnis und die Bereitschaft, ihm zu vertrauen. Wenn wir Hintergründe erfahren, wird deutlicher, unter welchen Rahmenbedingungen der andere handelt.
- Vertrauen rechtfertigen: Wenn wir uns an Vereinbarungen halten, zu unserem Wort stehen, unser Verhalten den Erwartungen des anderen entspricht, bestätigen wir ihm, dass es sich „lohnt", uns zu vertrauen.

Für virtuelle Teams, die ohne direkten „face-to-face-Kontakt" über große Distanzen hinweg zusammenarbeiten sollen, ist folgender Zusammenhang von Bedeutung: Ehrlichkeit und Kooperationsbereitschaft nehmen zu, wenn man annimmt, beobachtet zu werden. Bei garantierter Anonymität dagegen neigen Menschen eher zu Selbstsüchtigkeit, Unehrlichkeit und Täuschung." (Newberg und Waldman 2013, S. 107). Insofern sind bei virtuellen Teams besondere vertrauensbildende Maßnahmen aber auch Kontrollen sinnvoll.

In einer Studie der Akademie für Führungskräfte der Wirtschaft (zitiert bei Bach 2012, S. 161) nannten Mitarbeiter folgende Faktoren und Eigenschaften einer Führungskraft als vertrauensbildend:

- Ehrlichkeit
- Halten von Versprechen
- Verschwiegenheit
- Direkte Kommunikation
- Eingestehen eigener Fehler
- Zuhörenkönnen
- Einsatz für die eigenen Überzeugungen
- Mut zu unpopulären Entscheidungen
- Berechenbarkeit
- Intelligenz
- Einfühlungsvermögen.

Als Faktoren, die Vertrauen zerstören können, wurden genannt:

- Weitergabe vertraulicher Informationen
- Abwertende Äußerungen gegenüber Mitarbeitern
- Senden unterschiedlicher Botschaften an die Mitarbeiter
- Infragestellen der Mitarbeiterkompetenz
- Fehlendes Interesse an Arbeit und Leistung der Mitarbeiter
- Manipulatives Einsetzen/Zurückhalten von Informationen
- Zweifel an der Motivation der Mitarbeiter
- Fehlendes Lob, fehlende Anerkennung
- Unsachgemäßes oder übertriebenes Lob

Zur weiteren Lektüre empfohlen sind in diesem Zusammenhang auch die Forschungsergebnisse, die Wunderer zusammengetragen hat (2011, S. 128 ff.) sowie
McGrath 2014.

▶ **Tipp** Die obigen Auflistungen sind ein sehr nützliches Instrument zur
Reflexion und Selbsteinschätzung als Führungskraft. In Form eines
„Tagebuchs" lassen sich die eigenen Verhaltensweisen z. B. der letzten
Woche festhalten: Was ist gut gelaufen? Was sehe ich als kritisch an?

3.6 Regeln regeln die Zusammenarbeit

Triebel und Hürter (2012, S. 137) weisen zu Recht darauf hin, dass Zusammenarbeit im Team nicht struktur-, plan- oder hierarchieloses Arbeiten oder „Laisser-faire" bedeutet; klare Regeln sind unabdingbar. Das konstruktive Arbeiten mit Regeln
unterliegt wiederum selbst einigen wesentlichen Regeln (2012, S. 40):

1. Regeln müssen dem Wertesystem der Beteiligten entsprechen, sonst fehlt die notwendige Akzeptanz (es muss also einen Grundkonsens über einen Wertekanon geben).
2. Regeln für die Zusammenarbeit sollten gemeinsam entwickelt und beschlossen werden, damit sie von allen verstanden und akzeptiert werden. Das heißt nicht, dass die Führungskraft oder das Unternehmen keine Regeln vorgeben oder aufstellen könnte. Es sollte jedoch ein Austausch über Sinn und Zweck der Regeln möglich sein, Teammitglieder sollten eigene Vorschläge einbringen können. Auch dies beeinflusst die Akzeptanz des gesamten Regelwerkes maßgeblich.
3. Regeln müssen schriftlich dokumentiert sein, damit es keinen Interpretationsspielraum gibt.
4. Regeln müssen eingefordert und eingehalten werden.

Im Umgang mit Regeln ist Disziplin erforderlich, um eine zuverlässige Umsetzung zu garantieren. Diese wird wiederum eher erreicht, wenn alle Beteiligten Regeln als verbindlich wahrnehmen. Der Wissenschaftler Ernst Fehr konnte in interessanten Experimenten zeigen, dass Probanden dann bereitwillig in einen allgemeinen Topf einzahlen, wenn dies alle tun. Kommen „Nicht-Zahler" ungeschoren davon, senkt das die Kooperationsbereitschaft aller anderen signifikant. Erst nach „Strafzöllen" schoss die Kooperation wieder nach oben (vgl. Bittelmeyer 2014, S. 43).

Fazit

Nicht-kooperatives Verhalten muss sanktioniert werden. Strafen reichen als Motivation zur Kooperation aber sicherlich nicht aus, positive Anreize wirken nachhaltiger.

Sinnvoll sind Regeln zu den folgenden Themen bzw. Fragestellungen:

- Was will die Gruppe erreichen (Zieldefinition)?
- Wie sollten Entscheidungen herbeigeführt werden?
- Wer übermittelt wem Informationen?
- Wie wollen wir miteinander umgehen?
- Wie wird mit Störungen umgegangen? Wie verhalten wir uns in Konfliktsituationen?
- Wer ist wofür verantwortlich (Rollenklärung)?

▶ **Tipp** Folgende Beispiele für Regeln eignen sich als Denkanstoß und zur Diskussion im Team:

- Verhalte dich so, wie Du es Dir von den anderen wünscht.
- Eigene Wahrnehmungen und Meinungen werden in der Ich-Form formuliert.
- Störungen haben Vorrang und Ihnen wird angemessen Raum gegeben, d. h. sie werden geklärt bevor die inhaltliche Arbeit weitergehen kann.
- Es spricht jeweils nur einer. Jeder lässt den anderen ausreden.
- Termine und Zusagen werden eingehalten. Bei Schwierigkeiten in der Einhaltung wird rechtzeitig darüber informiert.
- Keiner spricht ein Problem an, ohne sich nicht schon Gedanken zur Lösung gemacht zu haben.
- Vereinbarungen werden schriftlich fixiert und sind dann verbindlich.
- Es erfolgt ein angemessener, gegenseitiger Informationsaustausch.
- Jeder hat das Recht, einen Fehler zu machen.
- Jeder erscheint vorbereitet zu Teamsitzungen.
- Jeder denkt für die anderen mit, wir unterstützen uns gegenseitig.
- Wir kommunizieren wertschätzend miteinander und greifen uns nicht persönlich an.

3.7   Fähigkeiten zur Zusammenarbeit entwickeln

Wir haben bereits gesehen, dass der Mensch gute Anlagen für die Zusammenarbeit in sich trägt. Doch diese Anlagen sind zunächst einmal wie ein Rohdiamant, der noch geschliffen werden muss. Dabei kommt es nicht nur auf die eher fachlich-methodischen Kompetenzen des Betreffenden an, sondern auch auf die Persönlichkeit und den Charakter.

Fachlich-methodische Kompetenzen für Kooperation und Zusammenarbeit:

- Fachliche Kompetenz
- Kommunikationskompetenz
- Fähigkeit, mit Komplexität umgehen zu können
- Auffassungsgabe
- Organisationskompetenz (z. B. Besprechungen effizient organisieren).

Persönliche, charakterliche Eigenschaften und Kompetenzen:

- Zuverlässigkeit
- Disziplin
- Vertrauenswürdigkeit

- Mut (Schwächen zuzugeben, Schwierigkeiten anzusprechen)
- Verantwortungsbereitschaft (statt Schuldzuweisung)
- Ergebnisorientierung
- Offenheit, Flexibilität und Toleranz
- Empathie und Neugier
- Solidarität (teilen können, Teamplayer sein, geben können)
- Abgrenzungsfähigkeit, um nicht ausgenutzt zu werden (Nein sagen können)
- Fairness.

Der Prozess der Kompetenzentwicklung selbst muss sich letztlich schon als Zusammenarbeit und Kooperation erweisen. Anordnungen und Befehle sind wenig wirkungsvolle Instrumente, um Kompetenzen zur Zusammenarbeit zu fördern (vgl. Goleman 2005, S. 104, 217). Entwicklung und Lernen geschieht sinnvollerweise in positiver Abhängigkeit, d. h. alle Beteiligten werden gebraucht, um die vereinbarten Ziele erreichen zu können. Die Führungskraft hängt vom Mitarbeiter ebenso ab wie umgekehrt (vgl. hierzu u. a. Neuberger 2002, S. 702).

Darüber hinaus müssen unterstützende Interaktionen erfolgen, d. h. alle Beteiligten sollten sich gegenseitig loben, einander Hilfe leisten, Wissen teilen und sich gegenseitig kontrollieren. Letzteres auch deshalb, weil es in der Kooperation immer neben der Gruppenverantwortung auch eine individuelle Verantwortung der Teammitglieder gibt. Ermöglicht wird all das durch die kontinuierliche Kommunikation miteinander (vgl. u. a. Parker 2008, S. 167).

Fazit

Die Fähigkeit zur Zusammenarbeit wird vor allem durch das Vorleben von Zusammenarbeit entwickelt. Führungskräfte, die als Vorbild kooperativ sind, inspirieren und befähigen ihre Teammitglieder nachhaltig zur Kooperation.

Der beste Teamplayer ist übrigens derjenige, der den guten Mittelweg findet zwischen „Einzelkämpfer" und „Schmetterling" (der Schmetterling „flattert" von Meeting zu Meeting und vergisst darüber, seine Aufgaben auch abzuarbeiten).

Kooperative Kommunikation 4

In der praktischen Umsetzung bedeutet Zusammenarbeit vor allem Kommunikation in Form von Teamsitzungen, Gesprächen, Informations- und Gedankenaustausch, Telefonaten, E-Mails. Wie sollte so eine Kommunikation aussehen,damit die Kooperation gelingt?

4.1 Die „Sprache der Zusammenarbeit"

Die „Sprache der Zusammenarbeit sprechen" heißt zunächst einmal vor allem, überhaupt miteinander zu reden. „Sprechen, um miteinander zu kooperieren" lautet das grundlegende Fundament (Triebel und Hürter 2012, S. 32).

Neben der Quantität der Kommunikation interessiert natürlich insbesondere ihre Qualität – also die Frage, ob wir effektiv und konstruktiv kommunizieren und damit zur Zusammenarbeit motivieren.

Newberg und Waldman erläutern, dass die Qualität unserer Kommunikation von der „neuronalen Resonanz" (2013, S. 98) abhängt. „Neuronale Resonanz" bedeutet, dass wir vom Verhalten anderer, das wir beobachten, beeinflusst werden (vgl. u. a. Bauer 2008, S. 23, 36). Diese neuronale Resonanz wiederum entscheidet über unsere Fähigkeit, andere Menschen wahrzunehmen und Empathie und Mitgefühl zu entwickeln: eine grundlegende Kompetenz für erfolgreiche Kooperation. So ist unser eigenes Verhalten (auch) als eine Folge der Erfahrungen zu betrachten, die wir mit anderen Menschen gemacht haben (was allerdings nicht dazu führen darf, dass wir die anderen für unser Verhalten verantwortlich machen).

© Springer-Verlag Berlin Heidelberg 2015
U. Wiek, *Zusammenarbeit fördern,* essentials,
DOI 10.1007/978-3-662-45275-2_4

Es versteht sich von selbst, dass Sprache hier eine zentrale Rolle einnimmt; Triebel und Hürter nennen sie ausdrücklich „ein Werkzeug zur Gestaltung von Kooperation" (2012, S. 34), und Newberg/Waldman sprechen in diesem Zusammenhang von „kooperativer Kommunikation" (2013, S. 93), zu der wir Menschen als soziale Wesen in der Lage sind.

Wir rufen diese kommunikative Kompetenz allerdings nicht immer ab, kommunizieren nicht immer effektiv. Das bleibt nicht ohne Folgen. Forscher der Princeton University haben herausgefunden, dass die so wichtige neuronale Kopplung zwischen den Gesprächspartnern nachlässt, wenn Versuchspersonen schlecht miteinander kommunizieren (vgl. Newberg und Waldman 2013, S. 98).

4.1.1　Was nicht ausgesprochen wird, aber ausgesprochen wirksam ist

Stress, Angst und Aggression beeinträchtigen die neuronale Resonanz. Die Fähigkeit, sich einzufühlen und andere zu verstehen, geht deutlich zurück (vgl. u. a. Bauer 2008, S. 90 ff.). Derartige negative Stimmungen beeinträchtigen insofern die Empathiefähigkeit und sind ein klarer Kooperationskiller.

Eine Kommunikation wiederum, die sich allein auf Fakten und Inhalte bezieht und den Menschen mit seinen Gefühlen und Interessen außen vor lässt, wird schnell als distanziert und kalt wahrgenommen (vgl. Newberg und Waldman 2013, S. 98). Es springt kein Funke über, der zu einer echten Zusammenarbeit animieren und inspirieren könnte.

Der Einfluss von Freundlichkeit, Humor und positiver Ausstrahlung auf das menschliche Miteinander ist mittlerweile bekannt (vgl. Goleman 2008, S. 409; Oswald 2014). Es geht dabei häufig schon um kleine Gesten, Routinen und Rituale. „Augenkontakt verstärkt gewöhnlich die Vertrauenswürdigkeit und fördert zukünftige Zusammenarbeit bei Menschen" (Newberg und Waldman 2013, S. 107). Die freundliche Bemerkung, der kurze Plausch, eine persönliche Nachfrage sind in diesem Sinne keine Zeitverschwendung, sondern vertrauensbildende Maßnahmen. Ein kooperatives Team besteht nun einmal in erster Linie aus Menschen, nicht aus Funktionsträgern.

> ▶ **Tipp** Eine regelmäßige kurze Selbstbefragung lohnt sich: Wie viel Zeit habe ich als Führungskraft in der letzten Woche mit jedem Teammitglied über etwas anderes als fachliche Themen kommuniziert?

4.1.2 Vorbild sein – nicht nur als Führungskraft

Die neuronale Resonanz und die sich daraus ergebende Interdependenz (wir beeinflussen uns gegenseitig) macht deutlich: Wir alle – Führungskräfte, aber auch Kolleginnen und Kollegen – sind füreinander Vorbilder, wir alle schauen aufeinander, wir schauen uns gegenseitig Verhaltensweisen ab. Grant empfiehlt deshalb, als Führungskraft in der Zusammenarbeit mit anderen Menschen immer wieder in die „gebende" Rolle zu gehen: „Geber zeigen Verwundbarkeit, stellen Fragen, kommunizieren fragend und suchen den Rat ihres Gegenübers" (2014, S. 146 ff.). In den Ohren vieler Vorgesetzter und Teamleiter mag dies ungewöhnlich klingen; bei genauerer Betrachtung wird aber deutlich, dass davon die Zusammenarbeit profitiert:

- Offenheit über eigene Gedanken und Stimmungen stärkt die Vertrauensbasis zum Team.
- Teammitglieder mit Fragen einzubinden und in die Verantwortung zu nehmen, motiviert sie und entwickelt ihre Kompetenzen weiter.
- Die Kompetenzen und Erfahrungen der einzelnen Teammitglieder vergrößern die Informationsbasis von Teamleiter und gesamtem Team.
- Allein durch die Wortwahl kann die Führungskraft Zusammenarbeit als notwendiges Übel darstellen („Darüber müssen Sie noch Herrn Müller informieren") oder als spannende Herausforderung („Wollen Sie sich dazu noch mit Herrn Müller austauschen? Vielleicht haben Sie zusammen ja noch mehr gute Ideen."). Allein die Verwendung des Wortes „gemeinsam" hat übrigens motivierende Wirkung: „Managers can motivate employees with one word: together!" (vgl. HBR Blog Network, http://blogs.hbr.org/2014/08/managers-can-motivate-employees-with-one-word/, abgerufen am 2.9.2014).

▶ **Tipp** Je häufiger Führungskräfte über Kooperation und Zusammenarbeit sprechen, desto mehr werden Mitarbeiter ihr Verhalten darauf ausrichten. Über alldem sollte aber nicht vergessen werden: Den Worten müssen Taten folgen. Das Reden über Zusammenarbeit muss in konkretes Handeln umgesetzt werden, gerade auch von der Führungskraft selbst.

4.2 Gefühle, Interpretationen und Stimmungen wahrnehmen: aktiv Zuhören

Kommunikation ist viel mehr als ein Austausch von Informationen, bei dem der Empfänger interpretiert, was der Sender gesendet hat. Insbesondere Paul Watzlawick (Kommunikation hat eine Inhalts- und eine Beziehungsebene) und Friedemann Schulz von Thun (die vier Seiten einer Nachricht) haben mit ihren einflussreichen Arbeiten das Wissen über Kommunikation entscheidend weiterentwickelt. Wir wissen heute, dass gelingende Kommunikation keine Selbstverständlichkeit ist und dass in unserer Kommunikation keineswegs „alles klar" ist. Kommunikation ist vielmehr ein permanenter Wahrnehmungs- und Selektionsprozess bei allen Beteiligten. Wir interpretieren ständig das, was

- uns der Sprecher mit Worten (verbal) sagt
- wir der Stimme und dem Tonfall des Sprechers entnehmen
- wir an körpersprachlichen (nonverbalen) Signalen vom Sprecher empfangen.

Dabei kommt es häufig zu Missverständnissen, was Inhalte und Bedeutung des Gesagten betrifft. Auslöser dieser Missverständnisse sind zumeist unterschiedliche Vorannahmen, Deutungen, Interpretationen, die ja wiederum stark durch unsere eigenen Wahrnehmungen und Erfahrungen geprägt sind.

Um diesen grundlegenden „Stolperfallen" zu entkommen, gilt es, beim Kommunizieren stets aufmerksam zu bleiben, den Austausch ständig zu überprüfen (u. a. durch aktives Zuhören, Nachfragen, Feedbackgeben) sowie sich selbst möglichst offen, klar und verständlich zu artikulieren. Mithilfe der folgenden zentralen Kommunikationsformen kann das gelingen.

4.2.1 Aktives Zuhören

Wie banal es auch klingen mag – Verstehen setzt Zuhören voraus. Oder, wie es Newberg und Waldman formulieren: „Wenn man wirklich verstehen möchte, was der Gesprächspartner sagt, dann muss man ihm so genau wie möglich zuhören und ihn intensiv beobachten" (2013, S. 97). Das bedeutet also, das Gesagte nicht nur akustisch aufzunehmen, sondern ebenso die visuellen, körpersprachlichen Äußerungen des Gegenübers zu beobachten. So lassen sich Missverständnisse verhindern oder zumindest aufdecken.

- Die Bedeutung des Blickkontakts ist unbestritten: Dem Gesprächspartner Aufmerksamkeit zu schenken, bedeutet vor allem, ihn anzusehen. Wenn wir jemandem ins Gesicht schauen, identifiziert unser Gehirn mögliche Emotionen insbesondere in den Augen, den umgebenden Muskeln und in der Stellung des Mundes (Newberg und Waldman 2013, S. 113).
- Die Körpersprache unseres Gegenübers ist ein Buch, aus dem wir ebenfalls viel herauslesen können: „Wörter können auch durch spezifische Gesten übertragen werden" (Newberg und Waldman 2013, S. 96).
- Auch die Stimmfarbe und -lage sowie der Tonfall unseres Gesprächspartners sind wichtige Informationsquellen, wenn wir sie denn wahrnehmen und „lesen" können.

Wir sprechen bewusst vom „Aktiven Zuhören". Wir sind nicht nur in der wahrnehmenden Rolle, sondern werden für den Gesprächspartner erkennbar auch selbst aktiv.

- Durch verbale Kurzbestätigungen wie „Ja", „Aha", „Hm" signalisieren unser Interesse an dem, was unser Gegenüber sagt.
- Gleiches erreichen wir durch eine offene, zugewandte Körpersprache und reagierende Mimik.
- Um Missverständnisse zu vermeiden und Interesse auszudrücken, können wir z. B.:
- nachfragen zum besseren Verständnis,
- das vom Gesprächspartner Gesagte wiederholen (in eigenen Worten paraphrasieren),
- die Sachaussage deuten (d. h. „interpretieren"),
- die Emotionen, die wir beim Anderen erspüren, ggf. auch ansprechen („verbalisieren").
- Bei Widerspruch formulieren wir zunächst die Gemeinsamkeiten.
- Es gilt aber auch, zur eigenen Ansicht zu stehen und ggf. Pausen auszuhalten.

4.3 Fragen stellen und mehr erfahren

Wenn wir selbst sprechen, erfahren wir nichts über unseren Gesprächspartner (und erhöhen damit die Gefahr von Missverständnissen). Fragen zu stellen, ist deshalb ein wesentlicher Bestandteil der kooperativen Kommunikation, denn:

- Wer fragt, führt das Gespräch.
- Wer fragt, erhält mehr Informationen.
- Wer fragt, spricht selbst nicht zu viel.
- Wer fragt, behauptet nicht.
- Wer fragt, aktiviert, beteiligt den Partner, regt zu Antworten an.
- Wer fragt, gewinnt Zeit.
- Wer fragt, zeigt Interesse.

4.3.1 Geschlossene und offene Fragen

Frage ist aber nicht gleich Frage. Je bewusster uns das Repertoire an Fragen ist, desto gezielter können wir sie einsetzen (vgl. zu diesem Thema u. a. Birkenbihl 2000, S. 11 ff.). Eine wesentliche Unterscheidung ist die zwischen offenen und geschlossenen Fragen.

Geschlossene Fragen sind Fragen, die nur mit Ja oder Nein beantwortet werden können. Ihr Vorteil liegt darin, dass wir eine eindeutige Information als Antwort erhalten. Geschlossene Fragen sind daher hilfreich, wenn eine klare Aussage oder Entscheidung gewünscht wird. Der Nachteil dieser Frageart ist, dass die Antwort nur eine sehr begrenzte Informationsmenge enthält: eben nur ein Ja oder ein Nein.

Offene Fragen wiederum beginnen häufig mit einem „W-Wort": „Wer", „Wann", „Wie" …. Sie lassen sich nicht mit einem Ja oder Nein beantworten. Wir erhalten über eine offene Frage deshalb deutlich mehr Informationen von unserem Gesprächspartner.

4.3.2 Hilfreiche Fragen für die Zusammenarbeit

Die folgenden Frageformen stellen offene Fragen dar. Sie aktivieren den Gesprächspartner ausdrücklich, regen gezielt zum Nachdenken an und liefern damit weitere wichtige Informationen.

Szenariofrage („Wie könnte für Sie eine optimale Lösung aussehen?") Mit dieser Frage aktivieren Teamleiter einzelne Teammitglieder oder auch das Team als Ganzes, Verantwortung zum Mitdenken wird so eingefordert.

Interpretationsfrage, reflektierende Frage („Verstehe ich Sie richtig, dass…") Wiederholung der Aussage des Gesprächspartners in Frageform. Dies ist der Versuch, Interesse und Verständnis zu zeigen, aber auch erst mal das „Verstehen" der Gesprächsinhalte sicher zu stellen.

Einschätzungsfrage („Wie schätzen Sie die Situation ein?") Hierbei geht es weniger um Fakten als vielmehr um Meinungen, Ansichten, Gefühle.
Weitere Beispiele für offene Fragen:

- „Worauf kommt es Ihnen besonders an?"
- „Was schlagen Sie vor?"
- „Welche Vorteile sehen Sie?"
- „Was geht jetzt in Ihnen vor?"
- „Was fällt Ihnen dazu ein?"
- „Wie könnte es weitergehen?"

▶ **Tipp** Es ist nicht einfach, ein Gefühl für die eigene Kommunikation und den eigenen Umgang mit Fragen zu entwickeln. Hilfreich ist es, sich selbst zu „beobachten". Dazu nehmen wir uns am besten beim Telefonieren auf, entweder mit einem kleinen Diktiergerät oder einem zweiten Handy (mit Aufnahmefunktion). Anschließend haben wir die Möglichkeit, unsere Art des Sprechens, des Zuhörens und des Fragens wahrzunehmen.

4.4 Verständlich mit dem Team kommunizieren

Gerade Führungskräfte stehen in der Zusammenarbeit regelmäßig vor der Aufgabe, Informationen an das Team weiterzugeben, Hintergründe zu erläutern, Erklärungen abzugeben. Die Arbeit des Teams wird wesentlich davon abhängen, wie verständlich die Informationen und Erläuterungen waren. Schulz von Thun bietet mit seinen „vier Verständlichmachern" (Schulz von Thun 1999, Bd. 1, S. 140 ff.) eine kompakte Zusammenfassung der wesentlichen Aspekte.
Sowohl schriftliche als auch mündliche Informationen werden leichter aufgenommen und besser behalten, wenn sie folgende Kriterien erfüllen:

- **Einfachheit**: Einfache, anschauliche Darstellung, kurze Sätze, geläufige Wörter
- **Gliederung**: Folgerichtige Gliederung, Herausstellung des Wesentlichen; kurze, übersichtliche Einheiten

- **Prägnanz**: Klar, deutlich, passende Formulierungen, knapp, auf zentrale Informationen konzentriert, kurze Zusammenfassungen und Wiederholungen
- **Anregung (zusätzliche Stimulanz)**: Interessant (Verben statt Substantive), farbig, plastisch (Beispiele), partnerorientiert (persönliche Ansprache mit Namen und „Sie" oder „Wir" statt „man").

Neben der inhaltlich-sprachlichen Ausgestaltung beeinflusst unsere körpersprachliche und stimmliche Art der Kommunikation die Verständlichkeit unserer Ausführungen. Durch einen offenen Blickkontakt sowie eine aktive Mimik und Gestik halten wir die Aufmerksamkeit der Zuhörenden hoch. Eine aufrechte, stabile Haltung im Sitzen oder Stehen signalisiert Selbstbewusstsein und Standfestigkeit. Durch eine angemessene Lautstärke, eine deutliche Aussprache sowie eine lebendige, abwechslungsreiche Betonung transportiert unsere Stimme Überzeugungskraft und lässt den Zuhörer länger interessiert zuhören. Denn es gilt festzuhalten: Wir werden vom Team nur verstanden, wenn uns Aufmerksamkeit entgegengebracht wird. Es besteht auch eine „Holschuld" vom Sprechenden, nicht nur eine „Bringschuld" vom Zuhörer, wenn es um Aufmerksamkeit geht.

4.5 Das Verhalten im Team beeinflussen: Feedback geben und konstruktiv kritisieren

Zur Führungsarbeit eines Teamleiters gehört es, zu Verhaltensweisen von Teammitgliedern Stellung zu beziehen, d. h. Feedback zu geben bzw. zu kritisieren.

Menschen zu kritisieren bedeutet, ihnen einen Spiegel vorzuhalten: Der Kritisierende gibt dem Kritisierten eine positive oder negative Rückmeldung, wie er oder sie auf ihn wirkt (vgl. u. a. Fuchs-Brünninghoff und Gröner 1999, S. 73 ff.). Diese Rückmeldung unterliegt aber subjektiven Wahrnehmungen; Kritik bzw. Feedback ist niemals „absolute Wahrheit", sondern immer nur persönliche, formulierte Wahrnehmung. Auch die Kritik oder das Feedback einer Führungskraft ist damit immer subjektiv.

Da es sich beim Feedback um unsere Wahrnehmung handelt, sollten wir sie in einer klaren Ich-Aussage in vier Schritten formulieren:

- **Meine Beobachtung ohne Wertung (Was habe ich beobachtet/wahrgenommen?)**: Wertungen erzeugen häufig Widerstand. Deshalb hilft hier eine möglichst sachliche Beschreibung des Beobachteten. Beispiel: „Ich habe wahrgenommen, dass Sie in der letzten Teamsitzung nichts gesagt haben."

- **Gefühle + Meinungen = Bewertung (Was bewirkt das Verhalten bei mir?):** Beispiel: „Das hat mich verwirrt und enttäuscht, denn Sie hatten mir vor zwei Wochen gesagt, dass die Situation für Sie unbefriedigend ist."
- **Auswirkungen = meine Begründung (Welche Folgen des Verhaltens sehe ich?):** Beispiel: „Ich befürchte, dass sich an der Situation für Sie nichts ändern wird, da das Team nichts über Ihre Unzufriedenheit weiß. Wenn wir nicht offen miteinander reden, kann sich das mit der Zeit nachteilig auf die Zusammenarbeit und den Teamerfolg auswirken."
- **Anregungen, Empfehlungen (Was wünsche ich mir?):** Sinnvoll ist die Formulierung als Anregung oder Wunsch oder die Nachfrage, was sich der Kritisierte für Alternativen vorstellen kann. Hierdurch wird ein stärkeres Mitdenken des Mitarbeiters erreicht. Beispiel: „Ich wünsche mir, dass Sie in unseren Teambesprechungen offen Ihre Meinung vertreten und die anderen wissen lassen, was Sie denken." Oder: „Was denken Sie – was sollten wir jetzt tun?"

Fazit

Die Art und Weise, wie im Team kritisiert wird, hat große Auswirkungen auf die Atmosphäre und den Umgang miteinander. Es spricht viel dafür, im Team gemeinsam Feedbackgrundsätze zu diskutieren und gegebenenfalls Regeln hierzu aufzustellen.

Ausblick 5

Die Ausführungen in diesem Beitrag haben gezeigt, dass Teamleiter und Team ihre Zusammenarbeit sehr stark selbst beeinflussen können. Das wird auch in Zukunft so sein. Dabei verändern sich natürlich die Rahmenbedingungen. Die hier aufgezeigten Tendenzen (erfolgreiche Zusammenarbeit durch Wertschätzung statt Befehle, durch Sinnhaftigkeit statt finanzielle Anreize, …) werden sich zukünftig noch verstärken. Die „Generation Y" möchte den Sinn ihres Tuns erkennen können. Es ist absehbar, dass kommende Generationen noch weniger ein macht- und statusbezogenes Führungsverhalten akzeptieren werden.

Die Aussichten für Kooperation und Zusammenarbeit sind auch zukünftig nicht schlecht. Es zeichnet sich weiterhin ein hohes Bedürfnis nach Zugehörigkeit ab. Viele jüngere Menschen arbeiten lieber im Team als alleine.

Spannend wird die Frage sein, wie die modernen Kommunikationstechniken und Social Media die persönlichen, face to face-Kommunikationsformen und entsprechenden Kommunikationskompetenzen beeinflussen. Hier zeichnet sich ein Entwicklungsbedarf ab. Die persönliche „Sprache der Zusammenarbeit", insbesondere das Wahrnehmen non-verbaler und stimmlicher Signale, muss umso mehr geübt werden, je häufiger im Alltag die Kommunikation via facebook, twitter, etc. abläuft.

Auch in Zukunft wird deshalb gelten: Die Anlagen für Zusammenarbeit sind in den Menschen vorhanden, „die Rohdiamanten" müssen aber genauso wie heute geschliffen werden. Erfolgreiche Kooperation wird möglich bleiben, aber auch zukünftig keine Selbstverständlichkeit sein.

© Springer-Verlag Berlin Heidelberg 2015
U. Wiek, *Zusammenarbeit fördern*, essentials,
DOI 10.1007/978-3-662-45275-2_5

Unternehmen und Führungskräfte, die die notwendigen Rahmenbedingungen (eine „Kultur für Zusammenarbeit") ermöglichen und selbst kooperatives Führungsverhalten zeigen, werden erfolgreiche Zusammenarbeit erleben.

Entscheidend wird sein, inwieweit Führungskräfte hierfür sensibilisiert werden können. Denn obwohl wir vieles heute schon wissen, hält sich der Glaube überraschend hartnäckig, dass Zusammenarbeit „von oben" verordnet werden kann und Mitarbeiter vor allem mit Druck zur Leistung gebracht werden können. Hier ist ein Umdenken notwendig.

Was Sie aus diesem Essential mitnehmen können

- Die Voraussetzungen für Zusammenarbeit können gezielt geschaffen werden. Sowohl Führungskräfte als auch Mitarbeiter haben große Einflussmöglichkeiten.
- Eine bewusst heterogene Zusammensetzung eines Teams mit verschiedenen Persönlichkeiten und Charakteren hilft. So können die notwendigen Rollen und Aufgaben in der Zusammenarbeit besser besetzt und ausgefüllt werden.
- Es gibt konkrete Möglichkeiten, eine gesunde Balance zwischen Wettbewerb, Individualismus und Kooperation zu finden.
- Zur Förderung kooperativer Verhaltensweisen gibt es im Arbeitsalltag verschiedene Ansatzmöglichkeiten, z. B. die Darlegung der Sinnhaftigkeit des gemeinsamen Schaffens, ein kooperativer Umgang mit der Führungsmacht sowie der Aufbau einer vertrauensvollen und wertschätzenden Atmosphäre im Team.
- Die Kommunikation miteinander besitzt eine Schlüsselrolle. Es gibt eine „Sprache der Zusammenarbeit".

© Springer-Verlag Berlin Heidelberg 2015
U. Wiek, *Zusammenarbeit fördern*, essentials,
DOI 10.1007/978-3-662-45275-2

Literatur

Bach, Carsten. 2012. *Mehr Wertschätzung und Anerkennung im Job. Wie Mitarbeiter und Führungskräfte die betriebliche Zusammenarbeit fördern und die Beziehungsqualität verbessern können*. Hamburg: tredition.

Bartens, Werner. 2014. Das ist aber unfair! http://www.sueddeutsche.de/wissen/psychologie-das-ist-aber-unfair-1. 2093595. Zugegriffen: 19. Aug. 2014.

Bauer, Joachim. 2008. *Prinzip Menschlichkeit. Warum wir von Natur aus kooperieren*. 3. Aufl. München: Wilhelm Heyne.

Bauer, Joachim. 2010. *Das kooperative Gen*. 2. Aufl. München: Wilhelm Heyne.

Birkenbihl, Vera. 2000. *Fragetechnik ... schnell trainiert*. Landsberg am Lech: Moderne Industrie.

Bittelmeyer, Andrea. 2014. Das Ende des Ellbogenprinzips. Erfolgsfaktor Selbstlosigkeit. *Manager Magazin*, Mai 2014, 38–43.

Brandenburger, Adam M., und Barry J. Nalebuff. 1998. *Co-opetition*. New York: Currency Doubleday.

Colemann, David. 2009. *42 rules for successful collaboration*. Cupertino: Superstar Press.

Copray, Norbert. 2010. *Fairness: Der Schlüssel zu Kooperation und Vertrauen*. Gütersloh: Gütersloher Verlagshaus.

Friedag, Herwig R., und Walter Schmidt. 2009. *Management 2.0: Kooperation. Der entscheidende Wettbewerbsvorteil*. München: Haufe.

Fuchs-Brünninghoff, Elisabeth, und Horst Gröner. 1999. *Zusammenarbeit erfolgreich gestalten*. München: Deutscher Taschenbuch.

Goleman, Daniel. 2007. *Emotionale Führung*. 5. Aufl. Berlin: Ullstein.

Goleman, Daniel. 2008. *Soziale Intelligenz*. München: Knaur Taschenbuch.

Grant, Adam. 2014. *Give and Take. Erfolgreich sein zum Vorteil aller*. London: Phoenix.

Hansen, Morten T. 2009. *Collaboration. How leaders avoid the traps, create unity and reap big results*. Boston: Harvard Business Press.

Kerr, Steve. 2014. *Do your company's incentives reward bad behavior?* http://blogs.hbr.org/2014/08/do-your-companys-incentives-reward-bad-behavior/27.08.2014.

Klein, Stefan. 2010. *Der Sinn des Gebens*. Frankfurt a. M.: Fischer.

© Springer-Verlag Berlin Heidelberg 2015

U. Wiek, *Zusammenarbeit fördern*, essentials,

DOI 10.1007/978-3-662-45275-2

Lee, Lance, Chris Ernst, et al. 2014. *White Paper. Boundary spanning in action.* Center for Creative Leadership. Greensboro.

Lieberman, Matthew D. 2013. *Social. Why our brains are wired to connect.* New York: Crown Publishers.

Löhken, Sylvia. 2013. *Leise Menschen – starke Wirkung.* Offenbach: GABAL.

Malik, Fredmund. 2006. *Führen Leisten Leben.* Frankfurt a. M.: Campus.

McGrath, Rita. 2014. *Das Zeitalter der Empathie.* http://www.harvardbusinessmanager. de/blogs/manager-brauchen-neuen-fuehrungsstil-a-987288.html. Zugegriffen: 26. Aug. 2014.

Neuberger, Oswald. 2002. *Führen und führen lassen.* Stuttgart: Lucius und Lucius.

Newberg, Andrew, und Mark Robert Waldman. 2013. *Die Kraft der Mitfühlenden Kommunikation.* München: Kailash.

Oswald, Andrew, et al. 2014. *Happiness and productivity.* University of Warwick. http:// www2.warwick.ac.uk/fac/soc/economics/staff/eproto/workingpapers/happinessproductivity.pdf. Zugegriffen: 10. Feb. 2014.

Parker, Glenn M. 2008. *Team players and teamwork. New strategies for developing successful collaboration.* 2nd ed. San Francisco: Jossey-Bass.

Precht, Richard David. 2010. *Die Kunst, kein Egoist zu sein.* München: Goldmann.

Schulz von Thun, Friedemann. 1999. *Miteinander Reden*, Bd. 1–3. Reinbek bei Hamburg: Rowohlt.

Sennett, Richard. 2012. *Zusammenarbeit. Was unsere Gesellschaft zusammenhält.* Berlin: Hanser.

Siefer, Werner. 2010. *Wir … und was uns zu Menschen macht.* Frankfurt a. M.: Campus.

Stöger, Gabriele. 2006. *Besser im Team. Stärken erkennen und nutzen.* 3. Aufl. Weinheim: Beltz.

Tomasello, Michael. 2010. *Warum wir kooperieren.* Berlin: Suhrkamp.

Triebel, Class, und Tobias Hürter. 2012. *Die Kunst des kooperativen Handelns.* Zürich: Orell Füssli.

Watzlawick, Paul. 2000. *Menschliche Kommunikation.* Bern: Hans Huber.

Wunderer, Rolf. 2011. *Führung und Zusammenarbeit. Eine unternehmerische Führungslehre.* 9. Aufl. Köln: Wolters Kluwer.